Cómo escribir
VERSOS

Por

Luis Bernal Lumpuy

ISBN 0-8297-0481-7

Categoría: Poesías

Copyright 1987 EDITORIAL VIDA
Miami, Florida 33167

Primera reimpresión, 1988

Cubierta diseñada por Ana María Bowen

3,00

Indice

Prólogo 5
Introducción 7
1. Definición de la poesía 9
2. La versificación y la música 13
3. Métrica del verso 17
4. Musicalidad del verso 25
5. Rima 29
6. Versos de arte menor 33
7. Versos de arte mayor 39
8. La estrofa 45
9. Imaginación, talento e inspiración 55
10. El versificador 57
    Apéndice 59
    Glosario 61
    Indice de palabras 67
    Bibliografía 69

Prólogo.

Esta obra es una guía sencilla y comprensible para todos los que se interesan en el arte de la versificación. Se limita su contenido a lo estrictamente indispensable en el empleo de definiciones, sin considerar las elegancias del lenguaje, las figuras del pensamiento ni los estilos literarios, que son temas de obras de mayor alcance didáctico, como las preceptivas o teorías literarias.

Se analiza cada aspecto de la versificación castellana con ilustraciones prácticas, escritas en su mayoría sobre pasajes de la Biblia, en particular del libro de los Salmos. En algunos casos, cuando ha sido absolutamente necesario, se emplean ejemplos de autores clásicos. Al prescindir de los buenos modelos que suelen usar los preceptistas académicos, privamos al lector de un rico caudal de belleza artística. En cambio, le ofrecemos las profundas verdades de Dios a la vez que aprende el arte de la versificación.

Este es sólo un tratado elemental que expone la técnica del verso en forma resumida, y no intenta penetrar el campo artístico de la poesía, lo cual correspondería a una obra más profunda. Por tal razón procuramos la mayor claridad y sencillez posible para hacerlo comprensible a los lectores no iniciados en la versificación, dado que nuestro objetivo es contribuir a la formación de los que carecen de previos conocimientos académicos, pero desean escribir versos para servir de esta manera en la obra del Señor.

Tal vez, en el más estricto sentido literario, este libro no sea ni siquiera un tratado elemental, sino más acertadamente una modalidad menor, algo así como un conjunto de nociones o rudimentos de la técnica del verso. Pero si alguno de sus lectores logra mejorar su versificación mediante el estudio de estas notas, el autor y Editorial Vida se sentirán satisfechos y agradecidos con Dios por ello.

Introducción

Para aprender a escribir correctamente, ya sea en verso o en prosa, es necesario por lo menos un conocimiento elemental de la gramática y del vocabulario del idioma. Además, para dominar el arte de escribir es muy útil el estudio de las reglas normativas del lenguaje escrito, que enseñan al escritor lo que debe hacer y lo que debe evitar para alcanzar la perfección posible. Tales preceptos deben servir de estímulo para la creación literaria, no de pauta para redactar mecánicamente lo que se observa o lo que se siente.

La técnica no puede sustituir al talento, pero no hay arte posible sin rigurosa artesanía. El escultor tiene que aprender desde dibujo hasta un poco de mecánica. El pintor necesita adquirir conocimientos de química para dar larga vida a sus cuadros. La más elevada de las ideas musicales quedará muda para siempre si quien la concibió no pasa por esa severa geometría de los sonidos que son la armonía y el contrapunto. De la misma manera el escritor tiene que aprender la técnica de su arte.

Las reglas no hacen a un buen escritor como los preceptos morales no hacen a un hombre bueno. No es suficiente conocer las reglas; se necesita vocación y talento, sin los cuales de nada sirven las preceptivas literarias.

Así como la pintura representa la belleza por medio del color, la música por medio del sonido y la escultura por medio de la línea, el escritor expresa sus ideas por medio de las palabras. Estas deben ser puras, correctas, propias, exactas, claras, finas, melodiosas y oportunas. Puras son las palabras que usan los buenos escritores; correctas son las que observan las reglas gramaticales; propias son las que expresan la idea que se desea enunciar; exactas son las que denotan un conocimiento científico de su valor; claras son las que ofrecen un solo sentido y traducen sin dificultad el pensamiento; finas son las que demuestran un espíritu cultivado y no despiertan groseras imaginaciones; melodiosas son las que agradan al oído, se pronuncian con facilidad y están distribuidas con cierta proporción rítmica o musical; y oportunas son las que convienen a la naturaleza del asunto, persona, lugar y demás circunstancias de la obra.

El elemento más importante de la obra literaria es la elección de un tema, que debe ser siempre bello, aunque su belleza puede presentarse directa o indirectamente. En el primer caso, la acción o el sentimiento son propiamente bellos; en el segundo, mediante pasiones o acciones desordenadas se demuestra la infelicidad que se origina por la violación de las leyes divinas, subrayándose de este modo el valor de la belleza.

Otro elemento de sumo valor en la obra literaria es un pensamiento original que exprese el sello individual y característico del escritor sin que resulte extravagante. Resulta difícil un pensamiento nuevo, expresado por primera vez; pero la originalidad no consiste en la novedad absoluta sino en que sus elementos estén combinados novedosamente. Un tema ya tratado muchas veces puede ser renovado y tratado con originalidad si se presentan la fantasía, la sensibilidad y las circunstancias que nos rodean con un estilo personal.

El estilo literario es esencial en la obra del escritor, y nunca debe confundirse el estilo con el lenguaje. Este último se refiere al conjunto de palabras de que nos valemos para expresar el pensamiento, y sólo exige que se unan y combinen conforme a las reglas gramaticales y retóricas. El estilo, además de esto, exige tener en cuenta la distribución y el desarrollo de la idea principal, la cualidad del pensamiento que la crea, la originalidad del escritor que la singulariza y las circunstancias que la modifican. El estilo es, en resumen, la forma constante con que cada escritor expresa sus pensamientos por medio del lenguaje.

Es casi imposible señalar reglas para adquirir un estilo propio. El autor mismo debe procurar el desarrollo de sus aptitudes naturales, mejorándolas y enriqueciéndolas. Debe estudiar los mejores modelos e imitarlos, con naturalidad y sin artificios, recordando que sólo la práctica adiestra en cualquier arte o ciencia.

Capítulo 1

Definición de la poesía

¡La poesía! Pugna sagrada;
radioso arcángel de ardiente espada,
tres heroísmos en conjunción:
el heroísmo del pensamiento,
el heroísmo del sentimiento
y el heroísmo de la expresión.
Salvador Díaz Mirón

Se han dado diversas definiciones de la poesía, pero en su sentido estricto y literario es toda bella creación expresada por medio del lenguaje. Es el idioma peculiar del sentimiento y de la imaginación, y quien tiene las cualidades para hablarlo es el poeta.

Lo que vale en poesía es el sentimiento. No importa que otro ya lo haya sentido antes porque lo que se siente nuevamente es nuevo. Todos tenemos aspiraciones insatisfechas que no podemos explicar ni expresar. El poeta no puede explicarlas tampoco, pero puede expresarlas por lo menos. Cuando lo hace, reconocemos que sus aspiraciones son las nuestras y nos identificamos con él. Al leer su poesía pasamos a través de la misma experiencia del poeta y somos transportados a un mundo de fantasía donde encontramos la sublimación de nuestros sentimientos.

Hay en la poesía una comunicación misteriosa indiscutible que no se puede traducir al lenguaje científico ni al coloquial, como lo expresan estos versos de Goethe:

Y cuando el hombre en su agonía enmudece,
tengo de Dios el don de expresar lo que sufro.

El mejor de los poemarios lo encontramos en la Biblia. Los

salmos, escritos la mayoría de ellos por David, han servido para interpretar las angustias y las alegrías de los hombres a través de los siglos. Aunque originalmente fueron compuestos para ser cantados, se han convertido en un bellísimo libro de poemas, y últimamente han sido musicalizados por los compositores cristianos.

El poeta no se dirige sólo a sí mismo, sino a todos los hombres. Es el grito de ellos que él sabe emitir con palabras selectas. Por tal razón la poesía es tan necesaria como la industria. Una proporciona los medios materiales y la otra los elementos morales e intelectuales.

Admitamos que no es poeta todo el que escribe versos, como no es orador todo el que habla en público. La poesía no es el verso. Muchos confunden la poesía con la versificación, y hay que distinguir la una de la otra. Se puede ser un buen versificador sin ser poeta. El poeta nace, el versificador se hace. El estilo, el lenguaje, la versificación y la rima constituyen la forma externa de la poesía. El verso es, en el conjunto de su forma externa, la vestidura, como dijera José Zorrilla en su discurso poético de ingreso en la Real Academia Española:

> *¿Que los versos no son la poesía?*
> *No; pero son su vestidura regia. . .*

La forma versificada da gran realce a las creaciones y a los pensamientos poéticos, pero no puede hacer de pensamientos vulgares una obra poética.

El verso no es indispensable para la expresión de la poesía. El lenguaje poético puede existir sin los versos. Así lo demuestran obras de extraordinario valor como las estampas líricas de *Platero y yo* de Juan Ramón Jiménez, que son bellísima muestra de fina y elevada tensión lírica no versificada. El mismo poeta decía: "Sin dominio de la forma no hay poesía posible, nueva o vieja."

El versificador, con alguna destreza, procede como un pianista. De la misma manera que un pianista reúne en forma armoniosa varias escalas que le son familiares, con transiciones y movimientos de acuerdo con la inspiración del momento, el versificador hace algo nuevo de lo viejo. Gracias a una larga práctica, dispone de toda una serie de "elementos de producción" que conjuga en forma adecuada de acuerdo con el curso del asunto.

La poesía, trátese de verdaderos poetas o de versificadores, es un oficio. William B. Yeats, poeta irlandés y Premio Nobel 1923, decía a los jóvenes poetas que buscaban su consejo: "Tienen que aprender su oficio."

En el verso las palabras están distribuidas en forma artificiosa, y si el versificador tiene la misma fluidez en su oficio que cuando emplea el lenguaje hablado, se debe a que tiene a su disposición un repertorio de fórmulas tradicionales. Este es el secreto del versificador.

El verso es lo material del sonido y de la técnica; la poesía es lo espiritual que contiene la auténtica belleza. El versificador no debe confundirse jamás con el poeta si faltan en sus versos los elementos esenciales de la estructuración poemática, quedando convertidos en renglones rimados sin belleza y sin alma.

Capítulo 2

La versificación
y la música

La mayoría de los autores coinciden en que la música nació antes que la poesía. Como quiera que sea, ambas son una forma rítmica de la expresión. El Creador dio al hombre estas facultades como parte de la semejanza entre El y su criatura, en el acto mismo de la creación.

No hay duda de que la versificación surgió con la música, la cual acompañaba en los tiempos primitivos a la poesía. No hay época ni nación que no tenga en su idioma este elemento externo de la poesía: el verso. Fue necesario sujetar el lenguaje a un ritmo para acomodarlo al canto, y distribuir las palabras en frases de una medida determinada. De este modo se originaron los versos, cuyo agrupamiento forma las estrofas o combinaciones métricas.

La cadencia del verso equivale al compás de la música. Los primitivos cantores eran a la vez músicos y poetas. Así se explica el acentuado ritmo melódico, el marcado sabor musical que la versificación imprime a la poesía.

La acertada distribución de acentos y de pausas facilita el logro del ritmo musical. Por ello es importante el buen manejo de la versificación para realizar composiciones que luego se puedan musicalizar como, por ejemplo, las letras de los himnos evangélicos, a fin de obtener el ritmo de acento que se logra por la proporcionada combinación de sonidos fuertes y débiles, la sucesión de acentos predominantes y secundarios como elemento de armonía para crear una estructura musical.

Versificación es la composición en verso conforme a un determinado sistema. Su estudio constituye la técnica de la expresión poética en su más estricto sentido material. El verso es una frase melódica sujeta a cierta ley. Esta ley o medida, llamada metro, está fundada en el verso castellano en el número de sílabas y en los acentos. En su estructura hay que considerar dos elementos esenciales: el número de sílabas y los acentos; así como dos accidentales: las cesuras y la rima.

Precisamente se diferencia el verso de la prosa en que las palabras que lo forman tienen que someterse a cierto número de sílabas y a determinada colocación de los acentos, que constituye el ritmo poético.

Para ilustrar esto, tomemos del Salmo 16:11 y del Salmo 26:6 las expresiones que siguen:

La senda de la vida me mostrarás.
Lavaré en inocencia mis manos.

Aquí falta el ritmo, la combinación de los acentos indispensables. Sin embargo, al convertirlas en versos, notemos la musicalidad que adquieren al acentuarse debidamente:

Me mostrarás la senda de la vida.
En inocencia lavaré mis manos.

La música, como lenguaje universal, entendible por todos sin las barreras del idioma, tiene un campo de acción más amplio que la poesía. Al respecto Beethoven expresaba: "Describir es propio de la pintura. La poesía puede también considerarse dichosa en esto, comparada con la música, pues su reino no es tan limitado como el mío; pero en cambio, el mío va más allá en otras regiones, a las que no es tan fácil llegar."

Sin embargo, el verso con metro, rima y ritmo ha sido de gran ayuda como recurso de expresión oral, ya que es un gran auxilio para la memoria y el poder de sugestión. Cuando no había libros, las tradiciones, historias y conocimientos en general se trasmitían mediante la palabra oral. Había necesidad de recordar, de memorizar, y estos elementos del verso resultaron un buen recurso nemotécnico.

Ilustramos la importancia del verso en este sentido, copiando un fragmento de la obra *¿Quiénes son los árabes?*, del escritor libanés Edward Atiyah: "El Corán fue dado verbalmente por Mahoma en versos que tenían los majestuosos ritmos y la resonancia de la poesía, y en ocasiones la belleza imaginativa y la fuerza de sus conceptos. ¿Quién puede decir cuán venturoso hubiera sido el profeta árabe al predicar su nueva fe si el instrumento de su comunicación no hubiera sido tan completo, o si las mentes y los oídos de los árabes no se hubiesen hecho, por su amor a la poesía y a la práctica de ésta, tan susceptibles a la magia del lenguaje?" Comprobamos así que hasta una doctrina religiosa debió su auge y expansión a estas ventajas del verso.

La poesía de hoy, con una nueva sensibilidad poética, se inclina a la obtención de otra clase de ritmo, sin esencias musicales, denominado ritmo interior, que es más difícil que el ritmo exterior y musical. Así la nueva estética rompe con el arte de la métrica tradicional, sin seguir estrictamente la medida ni los acentos ni la rima; y si emplea esta última, prefiere la asonancia, por su tono melódico atenuado, porque para los poetas modernos la meta no es ya la sonoridad musical del verso. No obstante, el verso tradicional seguirá siendo la vestidura externa de la poesía universal, entendible para todos.

Capítulo 3

Métrica del verso

Los sistemas de versificación son los distintos modos o procedimientos de estructurar el verso, de obtener el lenguaje rítmico y simétrico. Antiguamente se emplearon dos sistemas: el nórdico de la aliteración, y el oriental del paralelismo. Este último se caracteriza por su ritmo ideológico, y consiste en la correspondencia de sonidos e ideas por repetición, oposición o ampliación de sucesivos pasajes, y puede apreciarse en la poesía de los hebreos, de los árabes, de los chinos y de otros pueblos orientales.

En la actualidad se conocen los sistemas cuantitativo y cualitativo. El primero pertenece a las lenguas clásicas del griego y del latín. La cuantidad es el tiempo que se tardaba en la pronunciación de las sílabas, distinguiendo un tiempo en las sílabas breves y dos en las sílabas largas. El segundo se originó como consecuencia de la pérdida de la cantidad prosódica en las lenguas románicas o romances, derivadas del latín. Así surgió en las lenguas modernas el nuevo sistema de versificación cualitativo. En éste la simetría del verso se obtiene por el número de sílabas y el ritmo mediante la distribución de los acentos.

Al resultar insuficientes los acentos para lograr el ritmo, surgió la rima, que es la cadencia de sonidos finales en los versos para sustituir con más fuerza la pérdida de la cantidad silábica, que era la base del ritmo en la versificación cuantitativa de las lenguas clásicas.

El sistema de versificación española es el cualitativo, y por ello la estructuración de su verso es silábica y acentual. El primer elemento esencial de nuestra versificación es así el número de sílabas o medida.

En español la técnica de la expresión poética se aplica al lenguaje para someterlo no sólo al ritmo — cadencia musical a base de acentos y pausas — sino también a una proporción regular o medida — simetría —, que establece un número determinado de sílabas métricas. Se denomina arte métrica o versificación al conjunto de reglas que estudian la estructura de los versos, sus distintas especies y sus diversas combinaciones.

La nomenclatura de los versos castellanos se establece así mediante el número de sílabas, y comprende desde el verso de dos y tres hasta el de catorce sílabas métricas, denominándolos, por ejemplo, heptasílabo, octosílabo y endecasílabo a los versos de siete, ocho y once sílabas respectivamente.

La sílaba métrica es distinta a la sílaba gramatical, y para contar su número en un verso debe tenerse en cuenta la acentuación de la última palabra del verso — ley del acento final —, las licencias relativas a la estructura de la palabra poética y su enlace y combinación en el mismo verso.

El acento de la última palabra del verso, o ley del acento final, es factor necesario para determinar la simetría del verso. No basta contar las sílabas métricas, sino que debe cumplirse este principio basado en lo siguiente: Si el verso termina en palabra aguda, se cuenta una sílaba más, y si termina en palabra esdrújula, se cuenta una sílaba menos. Métricamente la sílaba final aguda representa dos, y las tres sílabas finales del esdrújulo también.

> La ley de Jehová es perfecta,
> es ley que convierte el alma;
> es su testimonio fiel,
> que al sencillo da palabras
> de ciencia. Los mandamientos
> de Dios son rectos, que alegran
> el corazón; el precepto
> de Jehová es puro, que alumbra
> los ojos. Es su temor
> limpio y eterno; son sus juicios
> la verdad. Más deseables
> que el oro muy afinado;
> y dulces más que la miel
> de panales destilados.

Tu siervo es amonestado
con tus juicios, en guardarlos
hay galardón. ¿Quién podrá
entender sus propios pasos
de error? Con tu gracia líbrame
del mal oculto y preserva
a tu siervo de soberbias,
que no se hagan mi señor;
para ser entonces íntegro
y no estar en rebelión.
                              Salmo 19: 7-13

Nótese que todos estos versos — en los que no se ha tomado en consideración la rima — son de ocho sílabas métricas aunque desde el punto de vista gramatical hay versos de siete, ocho y nueve sílabas. Se cumple en este ejemplo la ley general del acento inevitable en la penúltima sílaba de la palabra final de cada verso, que es consecuencia o reflejo en el idioma español de la perdida cantidad silábica de la lengua latina.

Con relación a la estructura de la palabra poética, algunos poetas emplean licencias gramaticales. Entre ellas se encuentra el hipérbaton, que es una inversión impuesta por el ritmo del verso. Al poeta le resulta más necesario que al prosista alterar el orden de la sintaxis regular por requerirlo el ritmo y la armonía del verso, y el idioma español se presta a estas inversiones.

Jehová mi pastor es;
nada me faltará.
En pastos delicados
haráme descansar;
junto a aguas de reposo
me habrá de pastorear.
Si mi alma está agobiada,
El la ha de confortar;
por sendas de justicia
El siempre me guiará
por amor de su nombre,
que ha de glorificar.
Aunque en valle de sombra
de muerte ande mi ser,
por cuanto estás conmigo

ningún mal temeré;
tu vara y tu cayado
alentarán mi fe.

Salmo 23:1-4

En la sintaxis regular expresaríamos el texto de este salmo de la siguiente manera:

Jehová es mi pastor; no me faltará nada. Me hará descansar en lugares de delicados pastos; me pastoreará junto a aguas de reposo. Confortará mi alma si está agobiada; me guiará por sendas de justicia por amor de su nombre. No temeré mal alguno aunque mi ser ande en valle de sombra de muerte porque tú estarás conmigo; tu vara y tu cayado alentarán mi fe.

No debe emplearse con exceso el hipérbaton a fin de evitar el peligro de desnaturalizar la construcción gramatical hasta el grado de hacer incomprensible la expresión.

Otras licencias gramaticales son los metaplasmos, que aparecen con frecuencia en la poesía antigua. Afectan la estructura de la palabra poética y comprenden la adición, la supresión y la alteración de sílabas o letras determinadas. Por adición tenemos la prótesis, la epéntesis y la paragoge; y por supresión, la aféresis, la síncopa y el apócope. Los metaplasmos por alteración son menos abundantes e incluyen la metátesis, en que se cambia el orden de las letras, y la antítesis, en que usan unas letras por otras. Estas licencias son innecesarias y hasta de mal gusto en la poesía moderna.

En cuanto al modo de contar y combinar las sílabas del verso, hay que tener presentes tres licencias poéticas fundamentales: la sinalefa, la sinéresis y la diéresis.

La *sinalefa* es no sólo una licencia poética sino una condición esencial del verso castellano que origina la sílaba métrica. Es un enlace fonético de sílabas gramaticalmente distintas, y tiene lugar cuando dentro del verso una palabra termina en vocal y la siguiente comienza también en vocal. Ambas vocales forman un diptongo, adquiriendo el valor de una sola sílaba métrica.

Jehová_es la fortaleza de su pueblo,
y_el salvador refugio de su_ungido.

Salmo 28:8

Estos versos tienen trece sílabas gramaticales cada uno, pero se cuentan once sílabas métricas — endecasílabo —, en virtud de las sinalefas señaladas. Así la sinalefa reduce métricamente las sílabas del verso. Las sílabas *vá* y *es, y* y *el, su* y *un* se unirán formando una sola sílaba métrica, y el verso debe leerse así:

Jehováes la fortaleza de su pueblo,
yel salvador refugio de sungido.

Obsérvese que en el primer verso se produce la sinéresis *Jeho,* lo cual contribuye a su medida endecasílaba.

La *sinéresis* consiste en convertir en diptongo dos vocales de dos sílabas contiguas dentro de una palabra que, según la pronunciación regular forman dos vocales gramaticales separadas, como lo observamos en *Jeho.* He aquí otro ejemplo:

Proezas haremos en Dios
y El hollará al enemigo.
Salmo 60:12

La palabra *proezas* tiene tres sílabas gramaticales (pro-e-zas), pero en este verso las dos primeras se unen formando una sola sílaba métrica, lo cual puede apreciarse fácilmente en su lectura con entonación de octosílabo.

Nótese que la *h* muda no afecta a la sinéresis ni a la sinalefa.

Espera en Jehová, guardando su camino
y El te exaltará para heredar la tierra.
Salmo 37:34

Por otra parte, la *h* muda sí impide la sinalefa si va seguida del diptongo *ue*:

Dijo entonces Adán: Esto es ahora
carne de mi carne y hueso de mis huesos.
Génesis 2:23

El primer verso es endecasílabo, pero el segundo es de trece sílabas, ya que entre la vocal final de *carne* y la vocal siguiente *y* no ocurre sinalefa, debido a la pausa de cesura que exige este verso, que es un tredecasílabo formado por un hexasílabo y un heptasílabo. Se observa cómo el diptongo *ue*, seguido de la *h* muda, sí ha impedido la sinalefa.

La *diéresis* es la licencia contraria a la sinéresis, y permite pronunciar separadamente las vocales que forman un diptongo para formar dos sílabas métricas distintas. Notemos dos ejemplos clásicos:

la del que huye del mundanal rüido
al soplo de céfiros süaves

Las palabras *ruido* y *suaves* tienen dos sílabas gramaticales, pero en estos versos se separan los diptongos de ambas, convirtiéndolas en palabras de tres sílabas métricas, colocándose el signo (¨) para advertirlo al lector.

Respecto a estas licencias métricas, debe cuidarse que en la sinalefa la reunión de las vocales no sea tal que haga dura y desagradable su pronunciación, como sucedería si estuviera acentuada la primera de ellas. Debe emplearse pocas veces la sinéresis, pues hace el verso duro; y debe usarse rara vez la diéresis.

Se han de evitar algunos vicios que se oponen a la armonía del verso, como la monotonía, el hiato y la cacofonía.

La monotonía consiste en la repetición de palabras parecidas o giros idénticos en el verso:

Esos ecos lejos suenan
EO   EO   EO

El hiato, en su definición gramatical, es el encuentro de dos vocales que se pronuncian en sílabas distintas como, por ejemplo, *re-al, le-al, lí-ne-a,* lo cual es inevitable, a no ser cuando se rompe en virtud de la sinéresis *real* o del acento *lí-nea.* Pero en su definición retórica es el sonido que produce la reunión de dos palabras cuando acaba la primera y empieza la segunda con la misma vocal, lo cual resulta desagradable al oído: *va a Alcalá, miraba a Ana, coqueteaba a ambos.*

La cacofonía es el vicio de lenguaje que consiste en repetir las mismas letras, produciendo un sonido desagradable por el choque de consonantes ásperas:

Tomás está tan tonto.
Al llegar el rústico refirió ruda refriega.

Sin embargo, resulta tolerable, y hasta puede ser un recurso estético, en la onomatopeya o armonía imitativa y otras figuras retóricas, siempre que se logre un determinado efecto:

El ruido con que rueda la ronca tempestad
Rápido corren los carros por la línea del ferrocarril.

El buen versificador debe evitar también el *ripio*, que son las palabras de relleno, sobrantes e innecesarias — pronombres, interjecciones y otras intercalaciones inútiles a la expresión del pensamiento poético — que se emplean para integrar la medida obligatoria del verso o para facilitar el hallazgo de un consonante.

Notemos algunos ripios que completan la medida del verso:

Pero Dios es mi rey, puedo decirlo,
desde la antigüedad, ya muy remota.
Salmo 74:12

Puedo decirlo y *ya muy remota* sobran, por haberse agregado con el objetivo de formar dos endecasílabos, y son innecesarias para la expresión de la idea del salmista.

Para encontrar un consonante se emplean ripios como los participios que terminan en *ado*, *ido* y los adverbios que terminan en *mente*. Así, cuando queremos decir:

vinieron unos magos del Oriente
Mateo 2:1

agregamos *divinamente* en un verso anterior:

Cuando Jesús nació, divinamente,
en días del rey Herodes, en Judea,
vinieron unos magos del Oriente.

El ripio es un pobre recurso y un gran defecto de los malos versificadores. Aunque algunos buenos poetas lo han empleado descuidadamente, debe evitarse si se quiere versificar con corrección y buen gusto.

Capítulo 4

Musicalidad del verso

Uno de los elementos esenciales de la versificación castellana es el acento del verso, del que depende el ritmo exterior, la armonía musical de la composición poética. Esto es evidente en la necesidad con que ciertos versos lo reclaman en determinadas sílabas. Aun los versos que gozan de mayor libertad en cuanto a su colocación, como los de arte menor, reciben notable aumento de armonía con su acertada distribución.

El acento logra el ritmo o lo mata. Si se altera, por ejemplo, su colocación en los endecasílabos, aunque queden las once sílabas, dejarán de ser versos. Se observa esto en las siguientes estrofas. Nótese que la segunda tiene las mismas palabras, pero se ha alterado el acento musical.

> Rebosa el corazón palabra buena,
> dirijo al rey mi agradecido canto;
> cual pluma de escribiente muy ligero
> así es mi lengua cuando a Dios alabo.

> El corazón rebosa palabra buena,
> mi agradecido canto dirijo al rey;
> cual pluma de muy ligero escribiente
> es mi lengua así cuando alabo a Dios.
> *Salmo 45:1*

En el acento métrico podemos distinguir cuatro especies: el inevitable, que es el acento final que debe llevar la penúltima sílaba de la palabra final de cada verso; el necesario o constituyente, que es el imprescindible en la determinada sílaba de cada especie de verso para lograr su ritmo propio; los accidentales o supernumerarios que son menos fundamentales, y que el poeta puede emplear a su arbitrio, conforme a su buen gusto y sentido musical, para variar y redondear el ritmo del verso; y, por último, los acentos obstruccionistas que son los que, por su inadecuada distribución, afean la armonía y quiebran el ritmo del verso. Un ejemplo de estos últimos es el acento en la séptima sílaba o en la cuarta y quinta en los endecasílabos, que destruye el ritmo propio de este metro.

El ritmo del verso puede tornarse distinto por el simple cambio de posición del acento necesario o constituyente.

> Los collados se ciñen de alegría
> Los collados cíñense de alegría
> *Salmo 65:12*

Es decir, que además del acento final en la penúltima sílaba, los versos castellanos, sobre todo los de arte mayor — de nueve sílabas en adelante —, llevan acentos interiores fijos. Estos acentos rigen las distintas clases de versos y, aunque en algunos se admite cierta tolerancia, si se quiere obtener un ritmo perfecto, deben cumplirse estrictamente las reglas fundamentales de la acentuación poética. Aun los versos que gozan de mayor libertad en este aspecto, como sucede con el octosílabo, reciben encanto y armonía con una buena distribución de los acentos. Como norma general, debe evitarse que concurran dos acentos seguidos en el verso.

Para lograr el ritmo musical, además del acento deben tenerse en cuenta las pausas en el verso. La pausa métrica es una simple interrupción de la lectura al final de cada verso. No debe confundirse con la pausa que coincide con los matices de entonación originados por los signos de puntuación como, por ejemplo, la coma, el punto y coma, y los dos puntos.

Obsérvese la diferencia al leer versos en que sólo haya que marcar la pausa métrica final, porque las frases que los constituyen no requieren puntuación, y versos donde existen, además de las pausas métricas, pausas señaladas con signos de puntuación:

> Si Israel hubiese andado
> en mis perfectos caminos,
> ya yo hubiera derribado
> a todos sus enemigos.
> *Salmo 81:13, 14*

Oh Dios, no guardes silencio,
no calles ni estés tranquilo;
porque he aquí tus enemigos
están contra ti rugiendo.
Salmo 83:1, 2

En algunos versos, además de la pausa final, hay pausas interiores denominadas cesuras. Son cortes que se le hacen al verso para darle más variedad y cadencia musical. Cuando estas pausas se encuentran en medio de los versos divisibles por mitad, cada una de las partes separadas se llama hemistiquio.

Notemos la cesura en los versos de diez sílabas con acento en la cuarta:

tiempo de odio, / tiempo de amor,
tiempo de guerra, / tiempo de paz.
Eclesiastés 3:8

En los de doce sílabas con acento en la quinta:

Anhela mi alma, / y hasta ardientemente
aspira a los atrios / del cielo de Dios.
Salmo 84:2a

En los alejandrinos con acento en la sexta sílaba:

Muy feliz es el hombre / que tiene en ti sus fuerzas,
quien tiene tus caminos / dentro del corazón.
Salmo 84:5

La cesura puede, además, dividir el verso en secciones que no sean dos mitades:

Atravesando el valle / de lágrimas tristes
lo transforman en fuente / con lluvia del cielo.
Salmo 84:6

Al igual que la pausa para el final del verso, la cesura permite que el hemistiquio u otra especie de sección que termine con palabra esdrújula se cuente con una sílaba menos, o con palabra aguda, una sílaba más.

Lleguemos a su trono / con bellas alabanzas,
aclamemos con cánticos / el nombre del Señor.
Salmo 95:2

La cesura no está siempre en la última palabra del verso, pues de ser así, la monotonía sería insoportable. Tampoco puede faltar en los versos, pues entonces reinaría tal confusión en la dicción poética que difícilmente podríamos resumir el estado y sentimiento del poeta.

La lectura de los buenos modelos y el ejercicio a que debe acostumbrarse el versificador, contribuirán mucho a vencer las dificultades que se encuentran en este aspecto del trabajo poético.

Capítulo 5

Rima

La rima es halago al oído. Con una repetición de cadencias finales, robustece el ritmo del acento y perfecciona la estructura musical del verso. Gracias a ella se graban mejor los versos en la memoria, facilitando su rápida recordación.

Aunque la rima implica una traba para la libre elocución poética, su dificultad misma determina una depuración en la labor creadora del poeta, al condensar sus esfuerzos y su talento en una ceñida expresión de belleza.

La rima consiste en la semejanza entre finales de versos, contando desde la vocal acentuada inclusive. Cuando hay igualdad entre todos los fonemas, la rima se llama consonante o perfecta (*enfrente, ardiente, lentamente*); cuando son iguales solamente las vocales principales, la rima se llama asonante o imperfecta (*casa, palma, velada, patria*). Esta última tiene una singular prestancia en la poesía española, además de su rico valor actual en las nuevas corrientes poéticas.

Rima consonante

Los romanos, después de interrogarme,
me quisieron soltar, porque la pena
de muerte sin lugar la declararon,
pues no hubo causa para tal condena.
                              Hechos 28:28

Las palabras *pena* y *condena* son consonantes entre sí por tener iguales las vocales y las consonantes a partir de la vocal acentuada.

En la rima de consonantes hay que atender a la analogía de los sonidos, no a la de las letras.

nuevo	—	mancebo
imagen	—	bajen
caza	—	casa
centavo	—	cabo

Una palabra no puede rimar consigo misma repitiéndose en otro verso, a no ser que se tome en diferente significación, como en el caso de las palabras homógrafas, que son iguales en la pronunciación y en la escritura, pero tienen distinto significado.

> El mesonero de la tienda vino
> trayendo una garrafa de buen vino.

En el primer verso *vino* es una forma verbal, mientras que en el segundo verso *vino* es un sustantivo. Otras palabras en el mismo caso son:

mira	*(verbo)*	y	*mira*	*(intención)*
amo	*(verbo)*	y	*amo*	*(dueño)*
peso	*(verbo)*	y	*peso*	*(moneda)*

Esta rima debe evitarse, como debe evitarse además la concurrencia de consonantes parecidas:

> En la paz de la mañana,   (A)
> entre el rosado del alba,   (B)
> como una rosa lozana,   (A)
> iba la bella Rosalba.   (B)

La persistencia de la *a* (*mañana* — *lozana* y *alba* — *Rosalba*) destruye la belleza de la rima.

Deben formarse las rimas con las palabras más importantes. Las palabras auxiliares, que sólo sirven para precisar y completar el sentido, no tienen el mismo valor que los verbos y los sustantivos para la rima. El buen rimador evita el uso de consonantes comunes que, además de la pobreza de concepto, producen monotonía. Los tiempos de los verbos que tienen terminaciones obligadas en *aba, ando, endo, ais, eis,* los participios regulares de presente y de pretérito, los adverbios de modo que acaban en *mente,* los nombres verbales en *ción, miento,* y otras desinencias que hayan de ser forzosamente parecidas, riman mal entre sí, a no ser que se empleen con deliberada intención. El uso de consonantes obligados demuestra pobreza de léxico en el versificador.

Rima asonante

> Vigila estrechamente tus acciones
> y manténgase fiel tu pensamiento
> a los planes de Dios, para que Él pueda
> con tu ayuda salvar al inconverso.
>
> *1 Timoteo 4:16*

Las palabras *pensamiento* e *inconverso* son asonantes entre sí porque tienen iguales vocales a partir de la sílaba acentuada. La asonancia no se pierde por la concurrencia de otra vocal en la misma sílaba, mientras ésta sea la débil, no la dominante (*ausencia — ella*).

> "¡Escuchad, ciudadanos, mi defensa
> quiero exponer al público criterio!"
> Un silencio mayor hizo el gentío
> al oír que él hablaba su dialecto.
>
> *Hechos 22:1, 2*

Nótese cómo la *i* de *criterio* no existe en *dialecto* y, sin embargo, hay asonancia entre ambas palabras.

En las voces esdrújulas sólo se atiende para el asonante a las vocales de las sílabas acentuadas y de la vocal final, siendo indiferente la intermedia: *lánguido, tártaro* y *cabo* son asonantes. Las dos primeras palabras son esdrújulas y la última es llana.

> Después de esto — nos dice la Escritura —,
> vendré a reedificar el tabernáculo
> derruido de David, y de sus ruinas
> volveré con poder a levantarlo.
>
> *Hechos 15:16*

Las voces llanas o graves no forman asonante con las agudas, pero sí con las esdrújulas (como en el ejemplo anterior y en los siguientes).

> listo — ídolo   árido — alto

En la rima imperfecta, asonante, no deben intercalarse voces consonantes.

Hay un verso blanco, libre o suelto, que se basa únicamente en el ritmo y no se liga por consonancia ni asonancia a ningún otro, y al emplearse debe procurarse que el ritmo sea perfecto. La rima puede faltar, pero el ritmo no. El verso libre presenta mayores dificultades que el rimado por faltarle el apoyo de las cadencias finales de la rima, que halagan el oído y suplen posibles deficiencias de armonía y estilo.

Jehová, escucha mi oración, y llegue
hasta ti mi clamor; de mi no escondas
tu rostro en ocasión de mi tristeza.
Inclina tu oído a mí, que al invocarte
te apresures, oh Dios, a responderme.

Salmo 102:1, 2

Capítulo 6

Versos de arte menor

Los versos castellanos se denominan según el número de sus sílabas, y se dividen en versos de arte menor y de arte mayor. Los primeros comprenden desde el verso de dos sílabas hasta el de ocho; los segundos, desde nueve hasta dieciséis. Desde el punto de vista de la métrica, no hay versos monosílabos en castellano, pues aunque ortográficamente pueden concebirse, hay que recordar que todos los monosílabos son agudos y, según la ley del acento final, en los versos agudos se cuenta una sílaba más. De manera que el primer verso de arte menor es el bisílabo.

Los versos bisílabos, trisílabos y tetrasílabos — de dos, tres y cuatro sílabas — rara vez se usan independientes en un poema determinado por lo difícil que resulta expresar conceptos, desarrollar un pensamiento o reflejar una emoción en tan limitado número de palabras, sujetas a la doble ligadura del ritmo y de la rima. Por ello se emplean especialmente en combinaciones con otros metros mayores, recibiendo el nombre de versos de pie quebrado.

Ejemplo de bisílabo:

> Justos
> juicios
> los de
> Dios:
> santos,
> buenos,
> rectos
> son.

Bisílabo mezclado con otros metros mayores:

Canten
alegres a Jehová los habitantes . . .
Salmo 98: 4a

Ejemplo de trisílabo:

Y todos
los reyes
tu gloria
verán . . .
Salmo 102:15b

Trisílabo usado como pie quebrado:

Alabad al Señor en su templo:
con arpa,
salterio,
bocina,
panderos
y danza;
con cuerdas
y flautas . . .
Salmo 150

Ejemplo de tetrasílabo usado solo:

Oh bendice,
alma mía,
al Señor,
y no olvides
las mercedes
de su amor.
El perdona
tus pecados;
es quien sana
tu dolor.
El rescata
del abismo
los caminos
de tu vida,
y en tus noches
te corona
de favores.
Salmo 103:2-4

Tetrasílabo usado como pie quebrado:

> A Dios cantaré en mi vida;
> mientras viva,
> a mi Dios cantaré salmos.
> Mi meditar será dulce,
> mi alma en él se regocija.
>
> *Salmo 104:33, 34*

En estas tres clases de versos no hay necesidad de colocar los acentos en una sílaba determinada; pero se recomienda acentuar en los bisílabos la primera, en los trisílabos la segunda, y en los tetrasílabos la primera y la tercera.

El verso pentasílabo se usa como hemistiquio en el decasílabo compuesto, y se une al heptasílabo en la seguidilla. Unido al endecasílabo sáfico, forma los versos sáfico-adónicos, como veremos en el estudio de la estrofa.

Ejemplo de pentasílabo:

> Oh, tú que habitas
> entre los huertos,
> los compañeros
> tu voz escuchan;
> házmela oír.
> Igual que el corzo,
> o el cervatillo,
> sobre montañas
> de los aromas,
> amado mío,
> puedes venir.
>
> *Cantares 8:13, 14*

El verso de seis sílabas, o hexasílabo, se llama también de redondilla menor. Debe acentuarse en la segunda y lleva el acento inevitable de la quinta.

> El rey Salomón
> carroza se hizo,
> con bellas maderas
> traídas del Líbano:
> Columnas de plata,

> respaldo de oro,
> su asiento de grana,
> y sus interiores
> de amor recamado
> por esas doncellas
> de Jerusalén.
>
> *Cantares 3:9, 10*

Obsérvese que *Salomón* y *Jerusalén*, al ser terminaciones acentuadas, forman dos sílabas, y por ello la acentuación aquí está en quinta también; así como *Líbano*, por ser esdrújula se cuenta como dos sílabas métricas.

El heptasílabo, o verso de siete sílabas métricas, se llama también de endecha. Se usa pocas veces solo; casi siempre se combina con el endecasílabo y con el alejandrino. Se recomienda su acentuación en las sílabas pares, o sea, la segunda, la cuarta y la sexta; pero también tiene gracia y armonía acentuado en las impares. Citamos un ejemplo clásico:

> Ya pasarán los siglos
> de la tremenda prueba;
> ¡ya nacerás, luz nueva
> de la futura edad!
>
> Ya huiréis, ¡negros vestigios
> de los antiguos días!
> Ya volverás, Mesías,
> en gloria y majestad.
>
> *Gabriel García Tassara*

El octosílabo, llamado también de redondilla mayor y de romance, es el verso más popular en castellano. Nació probablemente de la división en dos hemistiquios de los versos de dieciséis sílabas de las antiguas gestas, que originaron, por derivación, los romances tradicionales. El octosílabo se emplea en la redondilla, en el romance y en la décima. Puede acentuarse libremente, aunque se recomienda evitar el acento en la sexta.

Bienaventurado el hombre
que a Dios teme, y se deleita
en sus mandamientos; fuerte
ha de ser su descendencia.

Será de los hombres rectos
la generación bendita;
hay riquezas en su casa
y es eterna su justicia.

Salmo 112:1-3

Capítulo 7

Versos de arte mayor

Los versos desde nueve sílabas en adelante se denominan de arte mayor, aunque algunos preceptistas prefieren incluir el eneasílabo en la categoría de versos de arte menor. El eneasílabo, verso de nueve sílabas, no fue usado por los clásicos, pero sí por los románticos y los poetas modernos. En general, tiene poca armonía. Puede llevar el acento en la cuarta sílaba y también en la tercera. Si lo tiene en la segunda y quinta, debe considerarse como formado de tres hemistiquios trisílabos. Ejemplo de esto último son los siguientes versos:

No escondas	— tu rostro	— del alma,
no apartes	— con ira a	— tu siervo;
no dejes,	— Señor, a	— mi vida;
tu amparo es	— salud y	— consuelo.

Salmo 27:9

Los versos de diez o decasílabos, de gran valor rítmico, se usan frecuentemente en los himnos religiosos y patrióticos. Hay dos clases de versos decasílabos. Uno tiene una cesura en medio, formando dos hemistiquios, y lleva acento interior fijo en la sílaba cuarta.

Los cielos cuentan	— gloria divina
y el firmamento	— la majestad
de Dios anuncia:	— las grandes obras
que con sus manos	— pudo crear.

Salmo 19:1

El otro tiene la cesura después de la sílaba cuarta, y acentúa la tercera, sexta y novena, lo que le da un bello ritmo musical.

Porque Dios es — excelso y atiende
al humilde — y observa de lejos
al altivo. — Me avivas si en medio
del dolor y — la angustia anduviere.

Salmo 138:6, 7

El verso endecasílabo constituye el más noble y flexible de nuestra métrica, aplicándose a las composiciones de temas elevados. Es actualmente el más frecuente de la lírica española, reemplazando al octosílabo, que era el verso tradicional. El endecasílabo puede ser de diversas clases. Hay los tipos fundamentales o endecasílabos puros, entre los que están el *propio* y el *sáfico*. Los llamados *propios* pueden llevar acento en la sexta sílaba (yámbico) o en cuarta y octava. Dichos tipos pueden usarse conjuntamente en la misma estrofa y hasta se recomienda para la mayor variedad del ritmo:

Vuelve, mi corazón, a tu reposo
(acento en sexta)
porque el Señor te ha dado bendiciones.
(acento en cuarta y octava)

Salmo 116:7

El endecasílabo *sáfico* se denomina así porque trata de imitar el verso griego de la poetisa Safo. Fue introducido en la lírica española por un poeta de la escuela aragonesa del siglo dieciocho, don Esteban Manuel de Villegas. Lleva una cesura después de la quinta sílaba y va acentuado en la cuarta y la octava. Nótese que es diferente al endecasílabo propio con la misma acentuación, precisamente por la cesura después de la quinta. Es definidamente un verso compuesto, o sea, un pentasílabo más un hexasílabo.

Pon a mi boca, — buen Señor, tu sello.

Se puede combinar con el pentasílabo o adónico:

Pon a mi boca, — buen Señor, tu sello,
guarda la puerta — de mis labios, nunca
dejes que el débil — corazón se incline
a las maldades.

Salmo 141:3, 4

Los tipos secundarios o endecasílabos impuros se subdividen

en *anapéstico* o de gaita gallega y en *provenzal*. Los primeros llevan acentos en la cuarta y la séptima sílaba, y los segundos sólo en la cuarta.

a la presencia del Dios de Jacob,   *(anapéstico)*

el cual cambió la peña en manantiales *(provenzal)*

Estos tipos secundarios han sido usados por buenos poetas, pero es difícil de obtener con ellos una buena melodía, y si se mezcla con los otros produce un efecto desastroso. Veamos un ejemplo:

Delante del Señor tiembla la tierra, *(propio-yámbico)*
a la presencia del Dios de Jacob,   *(anapéstico)*
el cual cambió la peña en manantiales *(provenzal)*
y en venero la roca endurecida.   *(propio-yámbico)*
Salmo 114:7, 8

La flexibilidad y la cadencia del endecasílabo no sólo dependen del acento constituyente, sino que es necesaria la acertada distribución de los acentos accidentales, de acuerdo con la sensibilidad y buen gusto del poeta.

El dodecasílabo es un verso muy antiguo en la poesía castellana, pues fue usado en el siglo quince por el Marqués de Santillana. Puede descomponerse en dos hemistiquios de seis, de tal modo que muchos poetas lo combinan con estos hemistiquios, llevando el acento interior en la quinta sílaba.

El viento del norte — ahuyenta la lluvia
y el rostro enojado — la lengua malvada.
Proverbios 25:23

También pueden hacerse combinaciones por medio de las cesuras de siete más cinco, y cuatro más cuatro más cuatro.

Primer ejemplo: (con acento en la sexta sílaba)

Eres tú mi refugio, — mi fuerte escudo;
en tu eterna palabra — puedo esperar.
Salmo 119:114

Segundo ejemplo: (con acento en la tercera y la séptima). Obsérvese su musicalidad.

Cuatro cosas	— pequeñitas	— de la tierra
son más sabias	— que los sabios:	— las hormigas,
pueblo débil,	— que en verano	— se preparan
su comida;	— los conejos,	— que fabrican
en la piedra	— su morada;	— las langostas,
que sin reyes,	— salen todas	— por cuadrillas;
y la araña	— que tú atrapas	— con la mano,
y en palacios	— de los reyes	— se cobija.

Proverbios 30:24-28

El verso de trece sílabas, tredecasílabo, ha sido raramente usado tal vez por su falta de armonía. Sin embargo, la poetisa cubana Gertrudis Gómez de Avellaneda logró imprimirle hermoso ritmo en algunas de sus composiciones. Se acentúa en tercera, sexta y novena sílaba. Citamos aquí un fragmento de uno de sus poemas, ya que resultaría difícil lograr otro ejemplo parecido:

¡Yo palpito, tu gloria mirando sublime,
noble autor de los vivos y varios colores!
¡Te saludo si puro matizas las flores!
¡Te saludo si esmaltas fulgente la mar!

La noche de insomnio y el alma

El verso de catorce sílabas se llama también alejandrino por haber sido usado en el *Libro de Alejandro,* y berceo porque fue el poeta Gonzalo de Berceo quien lo empleó por primera vez en castellano. Es más antiguo que el dodecasílabo y, como éste, constituye un verso compuesto de dos hemistiquios. Para que sea perfecto requiere una pausa de cesura en el centro, que forme dos hemistiquios heptasílabos.

¡En medio de la lucha — cayeron los valientes!
¡Jonatán, cómo has sido — en tus alturas muerto!
Estoy desconsolado — por ti, hermano mío,
que me fuiste muy dulce. — ¡Tu amor más excelente
me fue para mi alma — que todos los amores
que en mi azarosa vida — me han dado las mujeres!

2 Samuel 1:25, 26

Este antiguo metro dejó de usarse después de la introducción del endecasílabo; pero el movimiento romántico y modernista del siglo diecinueve le dio nueva vida. Para algunos preceptistas aquí termina la enumeración de los versos de arte mayor; pero los poetas modernos han escrito versos de quince, dieciséis, diecisiete y dieciocho sílabas. Sin embargo, resultan excepcionales por una razón técnica, y es que el verso largo tiende a debilitar su ritmo y confundirlo con el de la prosa. Para mantener ese ritmo tiene que integrarse con otras combinaciones métricas menores. Así el verso de quince sílabas consta de tres pentasílabos o de un octasílabo y un heptasílabo; el de dieciséis, de dos octosílabos; el de diecisiete, de un eneasílabo y un octosílabo, y así sucesivamente.

Capítulo 8

La estrofa

La estrofa es un grupo de acordes triunfales,
un haz de equilibrios y justas cadencias,
que llevan, en hombros de alturas iguales,
la idea hecha ritmos, colores y esencias.
Salvador Rueda
"El acento en la poesía"

Los versos son unidades rítmicas que forman serie, y frecuentemente se combinan en grupos que se repiten de modo uniforme en toda una composición. Estas combinaciones métricas reciben el nombre genérico de estrofas.

La palabra *estrofa* significa en griego "avance". En Grecia, los coros que cantaban danzando en festividades religiosas avanzaban alejándose del altar del dios pagano y luego regresaban hacia él. El grupo de versos que se cantaba al avanzar se llamaba estrofa; el que se cantaba al regresar, antiestrofa, y la forma de ambas era idéntica.

Cuando las estrofas de un determinado poema tienen igual número de versos, de una misma especie o idéntica rima, se consideran estrofas simétricas. Si es distinto el número de versos y su medida, se denominan asimétricas.

En general, las estrofas llevan rimas, situadas en puntos fijos; pero pueden existir sin rima, y es entonces cuando sus versos se denominan blancos, libres o sueltos, basados únicamente en el ritmo interior.

Los tipos de estrofa son potencialmente infinitos. Los más usuales en castellano — entre los que se componen de versos de igual medida — son el pareado, el terceto, el cuarteto, la redondilla, la quintilla, la octava real, la octava francesa y la décima. El soneto podría considerarse como una estrofa compuesta de miembros que son estrofas menores. Todas estas combinaciones llevan rima consonante, salvo casos excepcionales.

La estrofa más pequeña es el pareado. Son dos versos de cualquier medida, de arte mayor o menor, rimados entre sí.

> El que es indiscreto
> descubre el secreto.
>
> *Proverbios 20:19*

> El hombre perverso levanta contienda,
> y al mejor amigo el chismoso aleja.
>
> *Proverbios 16:28*

El terceto es una combinación métrica compuesta de tres versos endecasílabos. Riman el primero con el tercero; el segundo rima con el primero del terceto siguiente, y así sucesivamente encadenados hasta terminar en un cuarteto para no dejar un verso sin rima. Esta combinación la inventó Dante Alighiere (1265-1321), el gran poeta italiano, y en ella escribió la *Divina Comedia.*

> Si hoy tu corazón apercibieres,
> y extendieres al Señor tu mano;
> si alguna iniquidad que allí tuvieres
>
> la arrojares de ti como a un gusano,
> no permitiendo en el hogar lo injusto,
> entonces levantarás tu rostro sano,
>
> depurado de manchas, y robusto
> como el roble serás; y nunca nada
> te hará temer o recibir un susto.
>
> Y tu miseria quedará borrada,
> como aguas pasará; será tu vida
> como la luz del meridiano. En cada
>
> momento de pesar, con todo oscuro,
> como el alba serás. ¡Tendrás confianza;
> en torno mirarás, y dormirás seguro
> porque en tu corazón hay esperanza!
>
> *Job 11:13-18*

La tercerilla es la misma combinación cuando emplea versos de arte menor.

El cuarteto se compone generalmente de versos endecasílabos que riman el primero con el tercero y el segundo con el cuarto. Se le llama también *serventesio* (de la poética provenzal). En épocas recientes se escriben cuartetos en versos de cualquier medida, particularmente dodecasílabos y alejandrinos. Veamos las tres medidas mencionadas:

¡En el Señor me alegraré salvado!
El es mi fortaleza, están seguras
las sendas de mis pies, como el venado,
y El me hace caminar en mis alturas.
Habacuc 3:18, 19

Cazadnos las zorras, las zorras pequeñas
que todas las viñas echan a perder;
porque nuestras viñas en flor ya se encuentran.
¡Que no se malogren en su florecer!
Cantar de los cantares 2:15

El temor del Dios nuestro aumentará los días,
los años del impío han de ser acortados;
la esperanza del íntegro es fuente de alegrías,
mas ha de perecer la fe de los malvados.
Proverbios 10:27, 28

Existe también el cuarteto de endecasílabos que riman el primero con el cuarto y el segundo con el tercero.

Además tenemos la cuarteta, cuatro octosílabos que riman el segundo con el cuarto, en consonante o asonante, quedando sueltos el primero y el tercero.

Tener corazón alegre
constituye buen remedio,
mas el espíritu triste
seca y consume los huesos.
Proverbios 17:22

La redondilla se compone de cuatro octosílabos que riman el primero con el cuarto y el segundo con el tercero.

> ¡Ojalá que mis caminos
> se pudieran ordenar,
> para que pueda guardar
> tus estatutos divinos!
>
> *Salmo 119:5*

La quintilla tiene cinco octosílabos con dos rimas; los versos primero y segundo con rimas distintas; en los versos tercero, cuarto y quinto, las dos rimas se distribuyen libremente:

> El que encubre su pecado
> nunca puede prosperar;
> mas quien lo haya confesado,
> y del mal viva apartado,
> compasión alcanzará.
>
> *Proverbios 28:13*

Se da también el nombre de quintillas a otras combinaciones de cinco versos de cualquier medida.

La octava real consta de ocho versos endecasílabos que riman el primero y el tercero con el quinto; el segundo y el cuarto con el sexto; y el séptimo con el octavo.

> Ten compasión de mí, oh Dios amado;
> y por la multitud de tus piedades
> borra mis rebeliones. ¡Soy malvado!
> Lávame más y más de mis maldades,
> y límpiame de todo mi pecado.
> Yo reconozco mis iniquidades,
> y delante de mí, siempre delante,
> se encuentra mi pecado denunciante.
>
> *Salmo 51:1-3*

La octava francesa, llamada a veces octavilla, se compone de versos de arte menor, rimados el segundo con el tercero; el sexto con el séptimo; y el cuarto con el octavo — estos deben terminar en palabras agudas —; quedando sueltos el primero y el quinto.

> Muchos dolores existen
> para las almas impías,
> mas rodeado de alegrías
> vive quien busca al Señor.

¡Alegraos y gozaos, justos,
en Él! ¡Cantad jubilosos
vosotros, hombres dichosos,
los rectos de corazón!

Salmo 32:10, 11

Las combinaciones de nueve versos, eneagésima, han floreci-
do escasamente, aunque algunos versificadores la intentaron
entre los siglos trece y quince. Actualmente se encuentra en
desuso. Observemos que puede descomponerse en una redondilla o cuarteta y una quintilla.

Yo prometí: A mis caminos
atenderé, pues no quiero
pecar hablando; mi boca
guardaré con fuerte freno,
en tanto que el hombre impío
esté delante. En silencio
quedé, como enmudecido
aun respecto de lo bueno,
y mi dolor fue crecido.

Salmo 39:1, 2

La décima se compone de diez octosílabos que riman el
primero con el cuarto y el quinto, el segundo con el tercero, el
sexto y el séptimo con el décimo, y el octavo con el noveno. La
décima ha sido brillantemente cultivada por los poetas modernos, y constituye el género más nacional y popular en Cuba. Se
llama también espinela porque se atribuye su invención a
Vicente Espinel (1551-1634).

Dentro de mí el corazón
sentí muy enardecido;
y como fuego encendido
era mi meditación.
Así mi lengua expresó:
¡Hazme, Señor, conocer
mi término para ser
consciente de mi destino,
pues soy frágil peregrino
que muy pronto moriré!

Salmo 39:3, 4

Algunos preceptistas señalan, después de la décima, la undécima y la duodécima que, como sus nombres indican, son composiciones de once y doce versos respectivamente; pero están hoy totalmente en desuso y en la antigüedad sólo merecen atención las que compuso el notable versificador don Iñigo López de Mendoza, Marqués de Santillana.

El soneto es una combinación métrica de catorce versos endecasílabos. Es una composición de forma fija, que puede considerarse como una estrofa cuyos miembros son estrofas menores: dos cuartetos y dos tercetos. En los cuartetos, generalmente riman los versos primero y cuarto con el quinto y octavo, y los versos segundo y tercero con el sexto y el séptimo. En los tercetos puede haber dos o tres rimas, que se distribuyen libremente:

> No te enojes jamás por el malvado,
> ni codicies sus triunfos pasajeros;
> como la hierba verde en los potreros
> pronto será por el Señor cortado.
>
> Haz el bien, y en Jehová vive confiado;
> y te apacentarás de verdaderos
> principios de virtud, y placenteros
> serán tus pasos, y andarás osado.
>
> El te concederá las peticiones
> del corazón, si pones tu alegría
> y tu placer en sus divinos dones.
>
> Encomiéndate a Dios y en El confía,
> y El hará que se exhiban tus razones
> cual la brillante luz del mediodía.
>
> *Salmo 37:1-6*

El soneto debe encerrar un pensamiento poético totalmente desarrollado. Este tipo de composición tuvo su origen en Provenza, pero adquirió forma fija en Italia, donde lo cultivaron Dante y sus contemporáneos, luego Petrarca y sus imitadores. En castellano lo cultivaron desde Juan Boscán hasta Garcilaso de la Vega. Desde fines del siglo diecinueve se han compuesto sonetos en versos de cualquier medida, sobre todo en alejandrinos.

Hay una serie de estrofas construidas por combinaciones de versos desiguales, de las cuales mencionaremos las más usadas.

La lira es una composición formada por un número ilimitado de versos, en que se mezclan endecasílabos y heptasílabos, aunque la forma más usual es la de cinco versos.

> Mi alma, oh Dios, examina;
> prueba mi corazón, mis pensamientos,
> y ve si hay en mi vida
> camino de perversos,
> y guíame tú en el camino eterno.
>
> *Salmo 139:23, 24*

La silva también es una composición formada por versos endecasílabos y heptasílabos que riman al arbitrio del autor, con rima consonante y con interpolación de versos libres o sueltos.

> No entres por la senda,
> ni tomes el camino
> de los hombres perversos;
> nunca pases por ella.
> Pues no pueden dormir, pierden el sueño
> si no han hecho maldad, o algo incorrecto
> han inclinado realizar al justo;
> del mal comen el pan y beben vino.
> Mas la senda del recto
> es como luz de aurora,
> que aumenta hasta que el día es perfecto.
>
> *Proverbios 4:14-18*

Entre las combinaciones de series indefinidas tenemos el romance, que es una composición de un número indeterminado de versos octosílabos, con rima asonante en los versos pares, quedando libres los impares. Ha sido muy cultivado en la lírica española desde sus orígenes.

> Había un hombre de la secta
> más radical, fariseo,
> principal de los judíos;
> se llamaba Nicodemo.

A Jesús vino de noche,
y dijo: "Rabí, sabemos
que tú de Dios has venido
como profeta y maestro;
porque nadie puede hacer
estos milagros que has hecho
si con él Dios no estuviere."
Respondió Jesús: "De cierto,
con sinceridad, te digo
que si no naces de nuevo
el reino de Dios no puedes
contemplar." Y Nicodemo
le dijo: "¿Cómo es posible
que nazca un hombre ya viejo?
¿Acaso puede otra vez
entrar al vientre materno
y nacer?" Le respondió
Jesús: "Te digo, de cierto,
que el que no nazca del agua
y del Espíritu al reino
no puede entrar. Lo que nace
de la carne, como el cuerpo,
es carne; lo que es nacido
del Espíritu es eterno
y espiritual. No te admires
porque te dije: De nuevo,
del Espíritu y del agua,
debes nacer. Como el viento
desde donde quiera sopla,
y oyes que rompe el silencio
con su sonido, y no sabes
de dónde viene, ni el puerto
hacia dónde se dirige,
así son todos aquellos
que del Espíritu nacen."
Le preguntó Nicodemo,
muy turbado y sorprendido:
"¿Cómo puede hacerse esto?"
Jesús respondió y le dijo:
"¿Tú que eres un gran maestro

de Israel, lo desconoces?
Hablamos lo que sabemos,
y lo que hemos contemplado
testificamos, y nuestro
testimonio no reciben.
Si yo de asuntos terrenos
les hablé y no me han creído,
¿cómo creerán si les cuento
de las cosas celestiales?
Porque nadie subió al cielo
sino el que bajó; es el Hijo
del Hombre que está viviendo
en el cielo. Y cual Moisés
la serpiente en el desierto
levantó, así es necesario
que el Hijo del Hombre al cielo
sea levantado, y que todo
aquel que viva creyendo
en él, tenga vida eterna,
sin perderse en el infierno."

Juan 3:1-15

Hay también romances de versos de otras medidas, como el romance endecasílabo o heroico; el romancillo, en hexasílabo; y el romance de siete sílabas denominado endecha. Los poetas modernos han empleado en el romance el decasílabo, el eneasílabo y el alejandrino.

Hay otras combinaciones, como las coplas, la seguidilla, el ovillejo y los acrósticos.

La poesía actual procura lograr el verso sin regularidad métrica ni estrófica. Esta poesía presenta la dificultad de composición y de técnica del poeta, que requiere sobresalientes condiciones para realizarla con éxito, y exige comprensión de los lectores habituados a las antiguas normas poéticas y a los moldes musicales del verso, que son de más sencilla y fácil asimilación.

Es evidente que la emoción poética de la nueva lírica responde a una compleja sensibilidad transida de intelectualismo, propia de minorías selectas. Pocos poetas evangélicos han tenido éxito con esta nueva técnica de la poesía actual, y un autor que se destacó en este campo fue el doctor Gonzalo Báez-Camargo, predicador, escritor y poeta mexicano, de quien citamos fragmentos del poema *Camino de Emaús*.

¿Cuándo y cómo llegó? No sé la hora
ni el instante preciso, pero un día
él llegó a mi camino, quietamente,
sin rumor, sin estruendo.
Como se inicia el alba.
Como empieza el rocío
a formarse en el cáliz de las flores.
Como empieza la estrella
a afirmarse en los cielos del crepúsculo.
Como empieza a formarse
en las duras entrañas de la tierra,
el subterráneo manantial que un día
aflorará en riachuelo,
y se irá transformando
en río y en torrente.
. . . .
Así fue. ¿Cuándo y cómo?
No lo sé, pero un día
tuve ya un Compañero en mi camino.
¡Y era El!

Capítulo 9

Imaginación, talento e inspiración

El autor literario, como todo artista, posee las disposiciones naturales de la imaginación, el talento y la inspiración. El artista emplea su imaginación para dar forma a un asunto. Como si fuera un espejo, la imaginación refleja las ideas del autor. El talento es la aptitud natural que lo ayuda a contemplar lo que los demás han observado y estudiado, haciéndolo suyo mediante su propia reflexión.

El desarrollo de la imaginación, estimulada por elevados sentimientos y ayudada por el talento, produce la inspiración, que es la fuerza del espíritu aplicada a los objetos que impresionan al artista, que es un ser impresionable.

La imaginación, el talento y la inspiración se combinan y fusionan en el escritor para producir la invención o concepción de la obra literaria, con sus tres factores principales: el asunto, el pensamiento capital y la finalidad de la obra.

Un pintor no comienza su trabajo con el cuadro que se propone crear sin antes bosquejar su composición. El escritor ha de realizar también un bosquejo del tema que proyecta desarrollar. Aunque la invención, la disposición y la expresión de la idea se originan en la mente del artista de manera simultánea, siempre se suceden en ese orden.

Inventar es descubrir, y no se puede descubrir lo que no se busca. Para inventar una idea literaria hay que andar en su búsqueda y realizar un esfuerzo por encontrarla. Algunos autores encuentran sus temas mediante la lectura y el estudio de modelos literarios, lo cual es recomendable cuando se dan los primeros pasos en el arte de escribir. Se debe leer a los buenos autores, que ayudarán a depurar el estilo.

El segundo paso es la disposición u ordenación interior del tema inventado, distribuyendo sus diversas partes. Se ordenan los materiales y se proyecta una visión de conjunto, de la cual dependen el plan y el desarrollo del asunto. Por último, se expresa por escrito la idea concebida y ordenada previamente. No se exige del poeta un plan riguroso y metódico al extremo, lo que sería una contradicción con el vigoroso entusiasmo y emotividad de la poesía.

El escritor experimentado escribe sin seleccionar conscientemente una fórmula, pero de manera instintiva emplea algún esquema grabado en su memoria, y es posible que a veces haga una selección consciente de una fórmula determinada.

Es recomendable unir la improvisación a la reflexión, escribiendo rápidamente, sin detenerse en detalles. Esto permite aprovecharse del interés que despierta la imagen panorámica del asunto, empleando la fecundidad espontánea de la inspiración. Más tarde debe leerse todo el manuscrito para hacer una corrección serena e imparcial.

Todo escrito ha de considerarse como un borrador que debe ser revisado y corregido. Cuando se deja reposar el borrador durante algún tiempo, antes de su revisión y corrección, al releerlo se ha producido cierta distancia entre la obra y el autor, de manera que le parezca escrito por otro.

En los versos se deben recontar las medidas métricas, revisar las rimas y leer en voz alta todo el texto para comprobar su musicalidad, además de la tarea regular de corrección que exige toda obra literaria. Debe examinarse la buena distribución de las estrofas. Es posible que la disposición de las estrofas fue arbitraria, y cuando el escritor tiene delante la obra terminada, puede hacer rectificaciones de su distribución a la luz de la lógica.

Es muy importante contar con alguien a quien se pueda entregar el manuscrito para que lo lea con sentido crítico, y lo juzgue y valore con imparcialidad. Un buen crítico es un valioso amigo para el escritor.

Capítulo 10

El versificador

Ninguno de nosotros escribimos como queremos, sino como mejor podemos.   Somerset Maugham

El versificador, como creador literario, es un artista. Pero no basta que escriba correctamente, desde el punto de vista gramatical, ni que escriba, sienta y goce la belleza del idioma como instrumento artístico. Será un artista sólo si es capaz de realizar la belleza en la obra literaria, comunicando a su labor creadora un acento propio, original, inconfundible. Debe poseer vocación literaria, irresistible inclinación hacia las letras, sensibilidad que se cristaliza en la inspiración, el dominio del idioma y la cultura general.

En este capítulo nos referiremos brevemente a las condiciones adquiridas, como son el dominio del idioma y la cultura general.

No es posible dar preceptos que conduzcan a la adquisición de estas facultades. Puede aumentarse el caudal de conocimientos y el desarrollo del estilo personal mediante la lectura y el estudio. Hay que estudiar con perseverancia los buenos modelos. Un hombre que ha leído mucho poseerá un notable conocimiento del idioma, y por eso puede haber excelentes escritores que nunca hayan estudiado preceptiva literaria.

Nadie debe pensar que puede llegar a ser un buen autor de versos, como cualquier otra cosa en la vida, sin sentir un verdadero entusiasmo por el estudio concienzudo y continuado. Y este estudio, a medida que desarrollamos nuestra capacidad de distinguir entre las obras buenas y malas, debe dirigirse hacia los autores consagrados y adquirir así un sentido crítico que nos permita elegir lo mejor.

Junto a la lectura y al estudio debe ir el trabajo, lo cual debe acompañar al artista, sea poeta, músico, pintor, o creador en cualquiera otra rama del arte. Cuando a Juan Sebastián Bach se le preguntaba cómo había conseguido llegar a ser un gran maestro, respondía: "Me he visto obligado a trabajar, y cualquiera que trabaje tanto como yo logrará otro tanto." El escritor debe ser disciplinado. Tiene que proponerse metas diarias, a corto y a largo plazo, con un método de trabajo para emplear el tiempo atinadamente. Muchos escritores realizan la tarea literaria después de haber desempeñado otras obligaciones, y necesitan disciplinarse para evitar que los dominen el cansancio, la apatía o el desaliento.

Al trabajar en la obra literaria, el escritor debe concentrar sus esfuerzos en lo que se propone, sin desviar sus propósitos hacia otras esferas de interés intelectual. Tiene que definir cuál es su campo de acción principal.

Aunque el verso es una forma elocutiva limitada, sujeto a ritmo simétrico y medidas, la función de quien lo escribe tiene un amplio campo de acción. En el Capítulo 2 se expusieron algunos conceptos acerca de la importancia del verso como medio de comunicación. Su estructura es imprescindible en la creación de la música que se canta en las iglesias.

El escritor — como el músico, el pintor y el escultor — debe procurar en su obra toda la perfección del ideal de belleza que Dios ha puesto en el hombre. El artista, como intérprete de ese ideal, no debe descender a lo vulgar o a lo ridículo, sino aspirar a lo más elevado, tanto en la forma como en el contenido.

Todo buen autor tiene en cuenta a sus lectores, que esperan encontrar en las páginas de un libro algo que los ayude a vivir con entusiasmo. La misión del escritor no es sólo entretener a su público sino contribuir a su felicidad.

Por encima de las nobles aspiraciones intelectuales, el escritor evangélico debe tener la visión de que sólo Jesucristo satisface todas las aspiraciones humanas. De lo contrario, el brillo de la creación artística consumirá el alma así como la luz que atrae a la mariposa quema después sus alas.

Si el escritor alcanza el éxito, no debe olvidar que sus triunfos son temporales. Nada es duradero ni el éxito resuelve los problemas del hombre. Si no lo alcanza, debe recordar que se ha de servir a Dios y al prójimo sin esperar recompensa.

Apéndice

Traducciones, versiones y adaptaciones

Las traducciones, las versiones y las adaptaciones son producciones no originales, pero de indudable valor literario.

La traducción consiste en verter de un idioma a otro, y exige del traductor conocimiento del idioma del cual traduce y dominio del idioma al cual traduce, así como una sólida cultura general y un estilo depurado.

La versión es la nueva exposición o narración de un tema producido originalmente por otro autor. Es como la traducción temática al propio idioma, con una manera peculiar de expresar el asunto. Hay mayor libertad para matizar la producción original.

La adaptación es un arreglo de la obra de otro autor, ajustándola a determinadas circunstancias de tiempo y de lugar.

Dentro de este marco es posible versificar obras escritas originalmente en prosa, lo cual resulta en ocasiones ventajoso por su musicalidad si se trata de un tema lírico, o puede convertirse en un recurso nemotécnico si se trata de un tema narrativo o histórico.

La sinonimia

Los sinónimos plantean un problema a todo escritor responsable, ya que el fenómeno semántico de la sinonimia ofrece diversidad de palabras con un mismo significado fundamental. Aunque las modalidades ideológicas de sinónimos presentan a veces diferencias notables, guardan cierta semejanza; y esas notorias diferencias de grado deben ser cuidadosamente estudiadas por el escritor.

El castellano es rico en voces sinónimas, y el versificador necesita dominar este recurso cuando está construyendo un verso que reclama un cambio de palabra, ya sea por exigencia de la rima, de la métrica, del ritmo o de la idea.

Glosario

acento: Uno de los elementos constitutivos del verso. Si éste no se acentúa en determinadas sílabas, aun teniendo la medida métrica adecuada, será poco armonioso y grato al oído.

acróstico: Género de composición métrica en que las letras iniciales, medias o finales de los versos forman una palabra o una frase.

adónico: Verso que consta de cinco sílabas, la primera y la cuarta largas, y breves las demás. Se denomina así porque lo usó por primera vez Safo en honor de Adonis.

aféresis: Metaplasmo que consiste en suprimir una o más letras al principio de un vocablo.

alejandrino: Verso de catorce sílabas, dividido en dos hemistiquios.

aliteración: Empleo de voces en que se repiten una o algunas letras. Es figura retórica cuando el escritor las usa para producir armonía imititativa. Si ocurre involuntariamente, es un vicio del lenguaje.

anapéstico: Verso endecasílabo que lleva los acentos en las sílabas cuarta y séptima.

apócope: Metaplasmo que consiste en suprimir una o más letras al fin de un vocablo.

asonancia: Dos vocales idénticas en la terminación de dos palabras a contar desde la última vocal acentuada de un verso, sin tomar en cuenta las vocales no acentuadas de los diptongos, y siempre que las consonantes intermedias no sean idénticas.

bisílabo: Verso de dos sílabas métricas.

cacofonía: Vicio del lenguaje que se produce al encontrarse o repetirse con frecuencia algunas letras o sílabas iguales.

cadencia: Combinación proporcionada de los acentos y de las pausas en el verso.

cesura: Pausa que se hace en el verso después de cada acento métrico que regula su armonía.

compás: Cada uno de los períodos que marca el ritmo de una frase musical.

copla: Composición formada por una cuarteta de romance, una seguidilla, una redondilla o cualquier combinación métrica breve.

cuarteto: Combinación métrica de cuatro versos endecasílabos. Si es consonante, riman el primero con el tercero y el segundo con el cuarto, o el primero con el último y el segundo con el tercero. Si es asonante, riman el segundo con el cuarto.

decasílabo: Verso de diez sílabas métricas.

décima: Combinación métrica de diez versos octosílabos. Por lo regular, riman el primero con el cuarto y el quinto, el segundo con el tercero, el sexto con el séptimo y el último, y el octavo con el noveno. Admite punto final o dos puntos después del cuarto verso y no los admite después del quinto.

diéresis: Licencia poética que permite pronunciar separadamente las vocales que forman un diptongo, formando dos sílabas de una.

dodecasílabo: Verso de doce sílabas.

endecasílabo: Verso de once sílabas.

endecha: Combinación métrica empleada en composiciones de temas luctuosos. Por lo general consta de cuatro versos de seis o siete sílabas métricas asonantes.

eneagésima: Combinación métrica de nueve versos.

eneasílabo: Verso de nueve sílabas.

epéntesis: Metaplasmo que consiste en añadir una letra en medio de un vocablo.

estilo: Manera peculiar de escribir en lo que respecta al modo de formar y combinar las palabras, las frases y las cláusulas para expresar las ideas.

estrofa: Cada una de las partes de una composición poética que agrupa un determinado número de versos, ordenados de igual modo, se ajusten o no a una exacta simetría.

figuras retóricas: Expresiones que se apartan de lo vulgar o sencillo, dándoles a los conceptos o a los sentimientos elevación, gracia y energía.

hemistiquio: Cada una de las dos partes de un verso separadas por una cesura.

heptasílabo: Verso de siete sílabas.

hexasílabo: Verso de seis sílabas.

hiato: Sonido que resulta de la pronunciación de dos vocablos seguidos, cuando el primero acaba en vocal y el segundo empieza también con ella o con *h* muda.

hipérbaton: Inversión del orden lógico de los elementos de la oración que ésta debe tener según las leyes de la sintaxis regular.

metaplasmos: Son licencias gramaticales que aparecen con frecuencia en la poesía antigua. Afectan la estructura de la palabra poética y comprenden la adición, la supresión y la alteración de sílabas o letras determinadas.

metro: Medida particular que corresponde a cada tipo de verso.

monotonía: Falta de variedad en la expresión literaria o artística.

octava: Combinación poética de ocho versos endecasílabos, o cualquier combinación de ocho versos sin importar el número de sílabas que integren cada verso.

octosílabo: Verso de ocho sílabas.

onomatopeya: Vocablo que imita el sonido de la cosa significada con él.

ovillejo: Combinación métrica de tres versos octosílabos, seguidos cada uno de ellos de un pie quebrado que con él forma consonancia, y de una redondilla cuyo último verso se forma con los tres pies quebrados.

paragoge: Metaplasmo que consiste en añadir una letra al fin del vocablo.

pareado: Dos versos aconsonantados que forman unidad de sentido.

pentasílabo: Verso de cinco sílabas.

poesía: En su sentido estricto y literario, es la expresión artística de la belleza por medio de la palabra sujeta a la medida y cadencia, lo cual origina el verso. Es el idioma peculiar del sentimiento y de la imaginación.

preceptiva literaria: Reglas establecidas para el conocimiento y manejo del arte de escribir.

prosa: Estructura o forma del lenguaje que no está sujeta a cadencia ni medidas determinadas como el verso.

prótesis: Metaplasmo que consiste en añadir una o más letras al principio de un vocablo.

quintilla: Estrofa de cinco octosílabos con dos rimas; los versos primero y segundo deben tener rimas distintas; en los versos tercero, cuarto y quinto, las dos rimas se distribuyen libremente, de modo que los dos últimos no sean pareados.

redondilla: Estrofa de cuatro versos octosílabos, de los cuales riman el primero con el último y el segundo con el tercero.

rima: Consiste en la semejanza entre finales de versos, contando desde la vocal acentuada inclusive. Cuando hay igualdad entre todos los fonemas, se denomina consonante o perfecta; cuando son iguales solamente las vocales principales, se denomina asonante o imperfecta.

ripio: Palabra o frase inútil empleada con el objeto de completar la medida métrica del verso, o de darle la consonancia o asonancia requerida.

ritmo: Armoniosa combinación y sucesión de vocablos, cláusulas y pausas en el lenguaje poético o prosaico.

romance: Combinación métrica de versos de ocho sílabas, con rima asonante en los pares y libres o sueltos en los impares. Hay romances endecasílabos, denominados heroicos o reales.

romancillo: Romance de seis sílabas.

sáfico: Verso endecasílabo denominado así porque trata de imitar el verso griego de la poetisa Safo. Lleva una cesura después de la quinta sílaba y va acentuado en la cuarta y la octava.

seguidilla: Estrofa de cuatro o siete versos. En los de cuatro versos son heptasílabos y libres el primero y el tercero, y pentasílabos y asonantes los otros dos. En los de siete versos el quinto y el séptimo tienen esta misma medida, formando asonancia entre sí; el primero, el tercero y el sexto son heptasílabos y libres.

serventesio: Cuarteto en que riman el primer verso con el tercero y el segundo con el cuarto.

sílaba métrica: La sílaba métrica es distinta a la sílaba gramatical, y para contar su número en un verso debe tenerse en cuenta la acentuación de la última palabra del verso — ley del acento final —, las licencias relativas a la estructura de la palabra poética y su enlace y combinación en el mismo verso.

sinalefa: No es sólo una licencia poética sino una condición esencial del verso castellano que origina la sílaba métrica. Es un enlace fonético de sílabas gramaticalmente distintas, y tiene lugar cuando dentro del verso una palabra termina en vocal y la siguiente comienza también en vocal. Ambas vocales se refunden e integran un diptongo, adquiriendo el valor de una sola sílaba métrica.

síncopa: Metaplasmo que consiste en suprimir una o más letras en medio de una palabra.

sinéresis: Licencia poética que consiste en la reducción a una sola sílaba en una misma palabra de vocales que gramaticalmente son parte de sílabas distintas.

sintaxis: Parte de la gramática que trata del orden de los elementos de la oración.

soneto: Combinación estrófica de catorce versos distribuidos en dos cuartetos y dos tercetos.

terceto: Combinación métrica de tres versos endecasílabos. Riman el primero con el tercero; el segundo rima con el primero del terceto siguiente, y así sucesivamente encadenados hasta terminar en un cuarteto para no dejar un verso sin rima. Esta combinación la inventó Dante Alighiere (1265-1321), el gran poeta italiano, y en ella escribió la *Divina Comedia.*

tetrasílabo: Verso de cuatro sílabas.

trisílabo: Verso de tres sílabas.

versificación: Acción y efecto de versificar (componer en verso).

verso: Voz empleada en sentido colectivo por contraposición a la prosa, que define el conjunto de palabras combinadas de acuerdo con el número de sílabas métricas, su acentuación y su rima.

verso blanco: Verso que no está sujeto a rima, pero que generalmente guarda uniformidad métrica.

Indice de palabras

acento del verso, **14, 17, 18, 25**
acróstico, **53**
adónico, **35, 40**
aféresis, **20**
alejandrino, **27, 36, 42, 47, 50, 53**
aliteración, **17**
anapéstico, **41**
apócope, **20**
armonía del verso, **19, 22**
asonancia, **15, 31, 32**
bisílabo, **33, 34, 35**
cacofonía, **22**
cadencia, **13, 17, 18, 27, 29, 41, 45**
cesura, **14, 21, 27, 28, 39, 40, 41, 42**
compás, **13**
copla, **53**
cuarteto, **45, 46, 47, 50**
decasílabo, **35, 39, 53**
décima, **36, 46, 49, 50**
diéresis, **20, 21, 22**
dodecasílabo, **41, 42**
endecasílabo, **18, 21, 23, 25, 26, 35, 36, 40,**
　41, 43, 46, 47, 48, 50, 51, 53
endecha, **36, 53**
eneagésima, **49**
eneasílabo, **39, 43, 53**
epéntesis, **20**
estilo, **5, 8, 10, 32, 55, 57, 59**
estrofa, **13, 25, 35, 40, 45, 46, 51, 56**
figuras retóricas, **22**
hemistiquio, **27, 35, 36, 39, 41, 42**
heptasílabo, **18, 21, 35, 36, 42, 43, 51**
hexasílabo, **21, 35, 40, 53**
hiato, **22**
hipérbaton, **19, 20**
metaplasmos, **20**

metro, **14, 26, 33, 43**
monotonía, **22, 28**
octava francesa, **45, 48**
octava real, **45, 48**
octosílabo, **18, 36, 43, 51**
onomatopeya, **22**
ovillejo, **53**
paragoge, **20**
paralelismo, **17**
pareado, **45, 46**
pentasílabo, **35, 40, 43**
poesía, **5, 9, 10, 11, 13, 14, 15, 17, 29, 53, 56**
preceptiva, **5, 7, 57**
prosa, **7, 14, 43**
prótesis, **20**
provenzal, **41, 47**
quintilla, **45, 48**
redondilla, **35, 36, 45, 47**
rima, **10, 14, 15, 17, 29, 30, 31, 32, 33, 45, 46, 51, 56**
ripio, **23**
ritmo exterior, **15, 25**
ritmo interior, **15, 45**
romance, **36, 51, 53**
romancillo, **53**
sáfico, **35, 40**
seguidilla, **35, 53**
serventesio, **47**
sílaba métrica, **18, 20, 21, 36**
sinalefa, **20, 21, 22**
síncopa, **20**
sinéresis, **20, 21, 22**
sintaxis, **19**
soneto, **46, 50**
terceto, **45, 46, 50**
tercerilla, **47**
tetrasílabo, **33, 34, 35**
tredecasílabo, **21, 42**
trisílabo, **33, 34, 35**
versificación, **5, 10, 13, 17**

Bibliografía

Alonso, Amado; y Enriquez Ureña, Pedro. *Gramática castellana*. La Habana: Editora Pueblo y Educación, 1968.

Arpa y López, D. Salvador. *Compendio de Retórica y Poética*. Madrid: Librería de los Sucesores de Hernando, 1920.

Gayol Fernández, Manuel. *Teoría literaria*. La Habana: Imprenta "El Siglo XX", 1945.

Repilado, Ricardo. *Dos temas de redacción*. La Habana: Editora Pueblo y Educación, 1969.

Salazar y Roig, Salvador. *Curso de Literatura Preceptiva*. La Habana: Editorial "Cultural", S.A., 1938.

Woodworth, Floyd. *Hacia el arte de escribir*. Miami: Editorial Vida, 1987.

EDITORIAL

Vida

La mejor literatura cristia-
na en español en el mercado.
• para su inspiración
• para su información
• para satisfacer sus necesi-
dades
He aquí sólo algunos de los
grandes libros que hemos pu-
blicado . . .

Ascienda a la vida abundante que Cristo ofrece

Este libro presenta soluciones prácticas y factibles para resolver los problemas de la vida diaria que impiden que usted logre su potencial máximo. Describe con franqueza y sencillez maneras de:
• fortalecer cada una de las cualidades positivas que usted tiene
• poner de su lado la crítica injusta
• recobrar su visión y reanudar sus sueños
Esta obra ha de motivarlo a vivir a un nivel más alto

DESCUBRA COMO OBTENER FE, CONFIANZA Y VALOR EN LUGAR DE TEMOR

Una inmensa multitud de personas de todos los niveles de la vida están oprimidas por el temor. Es una emoción paralizante que produce miseria, derrota y esclavitud.

En este libro Don Gossett explica los efectos del temor en los que se dejan vencer por este, y usa verdades bíblicas para ayudar a alejar el temor y alcanzar la fe dinámica, la confianza, el valor y la verdadera paz mental.

EL AMOR DE CRISTO PUEDE DERRAMARSE LIBREMENTE A TRAVES DE SU VIDA.

El autor ha ayudado a miles de personas que querían tener relaciones personales más saludables y felices. El enfoque bíblico de James Hilt, y su experiencia como consejero, se presentan en este libro práctico y fácil de entender.